1890

LA

DUCHESSE D'UZÈS

LE BUT QU'ELLE POURSUIT

PAR

ANDRÉ MAGUÉ

Prix : 2 Francs

PARIS

LIBRAIRIE MODERNE, HENRI VIVIEN, Éditeur

18, rue Saint-Lazare, 18

1890

—

LA

DUCHESSE D'UZÈS

LE BUT QU'ELLE POURSUIT

PAR

ANDRÉ MAGUÉ

Prix : 2 Francs

PARIS

LIBRAIRIE MODERNE, HENRI VIVIEN, Éditeur

18, rue Saint-Lazare, 18

PRÉFACE

En présence des insinuations malveillantes dont Madame la Duchesse d'Uzès est l'objet, nous croyons bien faire en établissant son véritable rôle dans le Parti boulangiste.

Pour atteindre ce résultat, nous fournissons des documents sérieux et nous laissons le Public juge de la situation.

Peut-être parviendrons-nous, de la sorte, à rendre à l'Histoire à laquelle Madame d'Uzès appartient déjà, le vrai caractère de cette femme aussi illustre par sa naissance que par ses talents, ses vertus et son patriotisme.

Cet ouvrage contiendra, en outre, la Biographie de la populaire Duchesse et la Notice généalogique de la Maison Rochechouart-Mortemart, dont elle est la digne héritière.

Paris, 25 septembre 1890.

ANDRÉ MAGUE.

LA DUCHESSE D'UZÈS

LE BUT QU'ELLE POURSUIT

Au milieu des polémiques violentes soulevées par la publication des *Coulisses du Boulangisme*, nous sommes heureux de conserver notre sang-froid et de juger les choses avec l'indépendance et la tranquillité d'esprit qui conviennent aux circonstances.

La plus haute Personnalité de la première Maison, après la Maison de France, est en jeu. On lui attribue, avec raison, un rôle prépondérant dans l'agitation boulangiste. Nous voulons réduire ce rôle à ses justes proportions et démontrer, preuves à l'appui, le but que poursuit Madame la Duchesse d'Uzès, celui qu'elle espérait atteindre en sacrifiant, à la cause du Général, la fortune que tout le monde connaît à cette heure.

Depuis bientôt deux ans, j'ai l'honneur d'être en relations suivies avec Madame la Duchesse d'Uzès, et je suis fier de pouvoir dire qu'elle me témoigne chaque jour des marques d'affectueuse estime.

Après la triple élection à laquelle j'ai collaboré en Charente-Inférieure, comme Rédacteur en chef du *Républicain*, je demandai à la grande Dame une entrevue, lui envoyant par le même courrier plusieurs de mes ouvrages. Madame d'Uzès voulut bien me lire, s'informa de moi au Général, qui eut la bonté de faire mes éloges, et quelques jours après, je reçus une lettre charmante dans laquelle la Duchesse m'autorisait à suivre ses réceptions du vendredi. De cette permission je n'ai pas abusé. Néanmoins, je me suis rendu, la même semaine, 76, Avenue des Champs-Elysées, Madame d'Uzès m'a comblé d'attentions, et, captivé par la hauteur de ses vues, comme par les charmes exquis de sa personne, j'ai résolu de déposer à ses pieds les faibles moyens de mon dévouement.

Depuis ce jour, nous n'avons cessé de nous voir et de correspondre, et, bien qu'à cette heure la Duchesse soit avertie de mon intention d'écrire l'histoire de sa Famille, elle ignore complètement le désir qui me passionne de rendre hommage à la noblesse de son patriotisme.

Je vais le faire, et, en le faisant, servir la vérité, la justice, le bon sens et confondre la mauvaise foi.

Parmi les révélations de M. Mermeix, nous voyons que Madame la Duchesse d'Uzès a donné trois millions au chef du Parti National. Les a-t-elle donnés exactement pour le triomphe du Comte de Paris, ou pour le triomphe personnel du Général? C'est ce que nous allons examiner.

Madame la Duchesse d'Uzès est une française dans toute l'acception du terme; nul mieux qu'elle n'aime la France que ses ancêtres ont défendue avec gloire; nul mieux qu'elle, devant les malheurs de la Patrie, ne serait prêt à montrer tant de dévouement, de résignation et de sacrifice.

Vivant sous l'obsession de ses sentiments respectables, Madame la Duchesse d'Uzès croit qu'un chef d'Etat élu par le peuple, peut seul donner le bonheur à la France, et, cherchant à réaliser cette idée, c'était le Créateur du Pouvoir fort qu'elle soutenait dans le Général Boulanger, et non l'homme qui devait rétablir la Monarchie.

Vous êtes en contradiction avec les faits, vont me répondre les adversaires systématiques. Je suis dans la vérité, vais-je leur répondre à mon tour, et je le prouve.

Ceux qui, en effet, ont le privilège de recevoir les confidences de Madame la Duchesse d'Uzès, savent qu'elle ne veut pas toucher à la Forme républicaine, qu'elle défend le Principe monarchique sans s'arrêter à telle ou telle dynastie, et que, si elle témoigne à la Maison de France une certaine déférence, elle le fait surtout par tradition, et non par conviction politique.

C'est ainsi que dans le Parti boulangiste, seule contre les Royalistes, elle a défendu le Général Boulanger et prouvé dans plusieurs réunions importantes, avec une éloquence réelle, la nécessité de placer le chef du Parti National à la première magistrature du Pays.

Nous en trouvons la preuve dans l'Extrait suivant des *Coulisses du Boulangisme* :

Je mets trois millions à la disposition du Général Boulanger.

Avant d'exécuter cette grave détermination, Madame la Duchesse d'Uzès crut devoir se confier au Comte de Paris.

Si elle agissait sans qu'il fût prévenu, le Prince pourrait croire qu'elle abandonnait la cause royale à laquelle, par tradition, elle était liée.

Elle décide donc de se rendre à Ems, où le Comte de Paris faisait une saison.

On raconte que pour préparer l'entrevue, la Duchesse d'Uzès s'adressa d'abord à M. le Duc de Chartres. Celui-ci était absolument anti-boulangiste, comme son oncle, le Duc d'Aumale.

Aux premières ouvertures de Madame d'Uzès, il poussa les hauts cris. Il comprenait avant d'avoir rien entendu, tant la vérité était invraisemblable, qu'il s'agissait d'une contribution de 100 ou 200,000 francs.

Il invoquait toutes les raisons des royalistes, vieux jeu contre l'Alliance boulangiste. On ne pouvait pas demander à son frère de continuer plus longtemps son appui à une entreprise aussi révolutionnaire. Et puis, à quoi servirait encore ce sacrifice? Non, le Duc de Chartres ne voulait pas se mêler de cette affaire.

La Duchesse d'Uzès répondit que le Général Boulanger avait promis de rendre la parole au Pays, et de faire respecter ses volontés, qu'on n'avait pas le droit de rejeter cette possibilité de rétablir la paix en France. Au surplus, le Général s'était déjà engagé, vis à vis des Princes d'Orléans, par des déclarations verbales et par les paroles que Dillon avait portées à Londres. Et elle ajouta : « Je ne donne pas deux ou trois cent mille francs, je mets à la disposition du Comte de Paris, pour être placés sur la carte Boulanger, trois millions. Le Prince peut les accepter. Où passe le premier Pair de France, le Roi de France peut passer. » Le Duc de Chartres montra une grande stupeur et une grande émotion. Il promit tout de suite d'écrire à son frère. Il le fit.

Quand on a lu ce passage, il est évident que le fond des choses se dessine avec beaucoup de netteté.

Madame la Duchesse d'Uzès, pour faire arriver le Général Boulanger à la présidence de la République, avait besoin du concours des royalistes et de l'autorisation du Comte de Paris. Elle n'a négligé aucune démarche afin d'obtenir ce résultat ; mais, connaissant les idées de son époque, elle avait la conviction que le jour où Boulanger rendrait la parole au Pays, le Pays se prononcerait pour la République et plébisciterait le Général pour en diriger les destinées. Madame d'Uzès aurait vu, de cette manière, son désir se réaliser, c'est-à-dire le Général ayant une grande puissance exécutive consacrée par une Constitution nouvelle et gouvernant en maître à l'Elysée, à la place de M. Carnot qui est un chef d'Etat sans prestige, exposé à tous les caprices parlementaires.

Un autre passage de M. Mermeix montre encore la populaire Duchesse défendant parmi les siens le Général Boulanger, et prédisant son élection à la Présidence de la République comme une nécessité. Voici ce passage :

Le Soir triomphal du 27 janvier, Madame d'Uzès et ses amis se trouvaient réunis au « Gaulois ». Une question divisait les royalistes : il y aurait fatalement interrègne à la suite de la Crise présidentielle, pendant laquelle on en appellerait au Pays. Qui tiendrait le pouvoir pendant ce temps ? Madame d'Uzès, M. Meyer et M. de Mackau répondaient : Boulanger ; les autres, M. de Mun, M. de Breteuil, M. de Martimprey, etc., moins confiants, ne voulaient remettre au Général cette toute-puissance : ce serait une imprudence de lui donner, même pour un an, cette importance ; il prendrait goût à l'exercice du Pouvoir. Il ne fallait pas se mettre dans ses mains.

Mermeix rend bien ici les différentes opinions du Parti royaliste, à cette heure agitée du Boulangisme.

Les vrais royalistes ne pouvaient pas et ne devaient pas remettre le Pouvoir au Général, mais ceux, comme Madame d'Uzès, qui étaient indifférents à la forme du Gouvernement, parce qu'ils étaient plus clairvoyants que leurs anciens coreligionnaires politiques, ceux-là devaient crier : Vive Boulanger consul !

C'est ce que fit la Duchesse, c'est ce qu'elle fera encore pour le jeune Duc d'Orléans, le jour où il voudra faire les concessions que la France républicaine lui demande, et sans lesquelles il lui sera impossible de gouverner.

Je donnerai d'ailleurs plus loin, comme confirmation de ce que j'avance, l'opinion que la Duchesse m'a exprimée bien des fois dans ses lettres. Mais auparavant, je tiens à démontrer qu'elle est restée fidèle au Général Boulanger jusqu'à la dernière heure, et qu'elle est demeurée étrangère à toutes les intrigues qui ont préparé l'arrivée du jeune Duc d'Orléans à Paris. Que son gendre, le sympathique Duc de Luynes, y ait été mêlé, nous ne le croyons pas davantage, car il a accompagné le jeune Prince comme ami, et s'est heurté à la frontière devant les décisions bien arrêtées du Duc d'Orléans de la franchir et de venir comparaître, avec ses compatriotes, devant le Conseil de Revision.

Plusieurs journalistes qui, à court de copie, prêtent à Madame d'Uzès des idées invraisemblables, ne pourront plus douter, nous l'espérons, devant la précision de nos documents; et ceux de nos adversaires même, qu'une grande mauvaise foi inspire, reconnaîtront l'exagération de leurs dires imaginaires.

Après le départ du Général, Madame d'Uzès continua à défendre Boulanger parmi les royalistes. Les Elections législatives terminées, elle ne voulut jamais permettre devant elle une attaque contre le chef du Parti National, et, durant l'hiver de 1890, elle ne cessa d'entretenir des correspondances avec lui. Elle a espéré jusqu'aux Elections municipales dernières, et rien n'a pu altérer une minute, jusqu'à ce triste moment, la confiance que cette femme courageuse avait placée dans le Général.

Quand le jeune Duc d'Orléans vint à Paris au mois de février dernier, Madame la Duchesse d'Uzès se trouvait hors de France; elle resta absente toute la première semaine où le Prince fut enfermé à la Conciergerie.

Voulant, à ce moment grave, connaître son opinion, je me rendis à son hôtel des Champs-Elysées, on m'assura qu'elle était partie. Je lui écrivis. Des jours se passèrent sans réponse. A la fin, inquiété par ce silence, je finis par lui adresser un télégramme. Elle venait d'arriver à Paris. Elle me répondit aussitôt par le télégramme suivant :

14 février 1890, André Maqué, 5, rue Bréda. Cher Monsieur, je trouve en rentrant votre bonne et touchante lettre, et je veux vous remercier tout de suite; je vous ai écrit, mais pro-

bablement ma lettre s'est croisée avec la vôtre. Toutes mes amitiés. Duchesse d'Uzès, vendredi soir.

La lettre que Madame la Duchesse m'annonçait par ce télégramme était une réponse à celle, où je lui déclarais combien l'arrivée du jeune Duc ferait tort à notre cause, et où je la priais de me dire ce qu'elle pensait. Sa réponse démontre péremptoirement qu'elle partageait mes craintes, tout en admirant la courageuse action du Prince, et démontre surtout qu'elle se trouvait près du Général Boulanger pendant que le Duc d'Orléans apparaissait à Paris. Voici cette lettre :

Vendredi matin.

Cher Monsieur,

Je ne puis vous dire qu'une chose, c'est que je suis vivement contrariée. Si je ne vous ai pas répondu plus tôt, c'est que j'arrive de Jersey, n'abandonnant jamais mes amis malheureux.

Sentiments distingués,

DUCHESSE D'UZÈS.

Mais si la grande Dame restait fidèle à la cause du Général Boulanger, elle ne pouvait pas tolérer les railleries déplacées faites sur le jeune Duc d'Orléans.

Il était bien permis à Victorine de Rochechouart, Duchesse d'Uzès, n'eût-ce été que par respect pour la mémoire de ses Aïeux, de protester contre les attaques qui visaient le gracieux fils de la Maison de France.

Voilà pourquoi Madame la Duchesse d'Uzès fit certains reproches à l'*Intransigeant*. Avec un peu de bonne volonté ce cher Rochefort, qui est gentilhomme, reconnaîtra que le plus exquis fleuron de la Noblesse française pouvait bien rappeler à l'indulgence l'un de ses rédacteurs.

Les Elections municipales de Paris furent un désastre pour le Parti boulangiste. Madame la Duchesse d'Uzès s'inclina devant les faits et, comme nous tous, décida que le Général, désormais, devait abandonner la politique, et le jour où la justice lui ouvrirait les Portes de France, rentrer dans l'Armée, à laquelle il rendra de très grands services.

Le chef du Parti National vaincu, Madame d'Uzès lui

conserva quand même ses sympathies et ne parut pas, malgré la défaite, oublier ses principes.

Estimant que les Chambres doivent légiférer, et non gouverner, que les attributions du pouvoir doivent être entièrement assumées par le Chef de l'État, elle continua et elle continue à propager ses idées qui sont l'honneur de toute son existence.

Madame la Duchesse d'Uzès, comme nous l'avons déjà écrit, croit que la France ne retrouvera sa tranquillité que le jour où le Président de la République le sera d'actes, et non de mot. Respectueuse des décisions de la volonté Nationale, la grande Dame s'incline devant la Forme républicaine, et quand on prétend qu'elle conspire, on la calomnie. Madame d'Uzès fait simplement de l'opposition sur le terrain constitutionnel, et pas davantage.

Après la mort politique du général, la duchesse devait choisir de nouveau un chef de parti qui puisse réaliser dans un jour prochain les principes du gouvernement fort.

Ce chef l'a-t-elle trouvé ? Nous ne pouvons rien dire à ce sujet ne sachant pas encore sur quelle tête Madame d'Uzès fait reposer ses espérances. Mais, sans nous avancer, nous croyons pouvoir reconnaître que si un jour le duc d'Orléans abandonne certaines prétentions incompatibles avec les besoins de notre époque, le parti républicain devra ces concessions de haute importance aux idées démocratiqûes, au désintéressement et au patriotisme de Madame la duchesse d'Uzès.

La grandeur de la France, le bonheur du peuple, la stabilité gouvernementale, la politique de conciliation, tous les Français réconciliés et ne discutant plus la forme de leur gouvernement ; le chef de l'État acclamé sur tout le territoire de la République, voilà le vrai but que poursuit Madame la duchesse d'Uzès et celui que nous poursuivons avec elle en pensant bientôt le toucher.

Il est donc inutile de dénaturer le pensée de la grande Dame et de lui faire tenir un langage qui cadre mal avec ses sentiments de pacification politique.

Elle me l'écrivait encore dans ses dernières lettres :

Plaçant la France au-dessus des luttes des partis, il me tarde de voir le sectairisme disparaître. Ce que je souhaite ardemment que ce soit avec l'étiquette de la République ou l'étiquette de la Monarchie, c'est un gouvernement qui ne se contente pas de mots, mais qui fasse que les Français ne soient pas partagés en deux catégories, les persécuteurs et les persécutés.

De tout cela nous conclurons que Madame la duchesse d'Uzès est bien loin du rôle que lui prêtaient les journaux ces temps derniers.

Les uns prétendaient qu'elle avait délaissé le général Boulanger depuis son départ en Belgique, les autres qu'elle travaillait pour le comte de Paris.

Ce ne sont là que des racontars.

La vérité, c'est que les réflexions de Madame la duchesse d'Uzès ont été accommodées à toutes les sauces, suivant les besoins des intéressés.

La grande Dame m'écrivait ces jours-ci : *Je suis assaillie par les reporters; il y en a comme celui de l'*Echo de Paris *qui rendent parfaitement ma pensée, mais, celui du* XIXe Siècle, *entre autre, l'a terriblement estropiée vous allez en juger.*

Il me fait dire que le comte de Paris n'a pas donné un sou, c'est à moi qu'il n'en a pas donné ni remis, mais cela ne veut pas dire qu'il n'a rien dépensé. Du reste j'ai rectifié.

L'échec du général Boulanger parut un moment accabler la Grande Française, et au lieu d'éprouver *le dépit* qu'on lui prête, elle éprouva plutôt une réelle douleur. Voici d'ailleurs en quels termes elle m'exprimait ses chagrins du Château de Boursault (Marne) au mois de juillet 1890 : *J'éprouve un grand découragement de toutes choses, et ne veut plus m'occuper de rien, si ce n'est d'art. Je travaille ici dans une solitude que je ne veux pas troubler. Merci encore de votre amitié et croyez à mes sentiments distingués.*

Duchesse d'Uzès

Nous n'insisterons pas davantage, cette dernière lettre est significative.

Après M. Edouard Drumont qui fait dans la dernière bataille, l'éloge de la générosité de Madame d'Uzès, les journaux de toutes les opinions rendent hommage à l'élévation de son caractère à la supériorité de ses conceptions politiques, et à la sincérité de sa foi en l'avenir.

C'est d'abord l'*Illustration* du 13 septembre 1890 qui s'exprime en ces termes :

Les révélations qui font tant de bruit à l'heure actuelle ont devancé l'histoire et l'on sait maintenant quelle part la Duchesse d'Uzès a prise dans l'évolution de nos dernières crises. Renouant la tradition des grandes dames de la Fronde et des brigandes de la Chouannerie, elle a cru devoir au nom qu'elle porte de ne pas se confiner dans le rôle banal de la représentation mondaine, et elle a voulu se mêler d'une façon active, voire même prépondérante à nos querelles politiques.

Et non seulement elle y est intervenue avec l'influence de son nom, de ses relations, de sa haute situation sociale et avec toutes les ressources de son intelligence, toute l'indomptable énergie de son caractère, mais encore avec sa fortune, et par les sacrifices pécuniaires considérables, chose bien rare de nos jours où il faut le reconnaître les plus ardents défenseurs d'une cause et les plus intéressés ne lui prêtent ordinairement leurs concours que jusqu'à l'argent exclusivement. Confiante d'autre part dans le général Boulanger, qu'elle prisait, nous l'avons déjà dit, très haut ; elle acceptait sans aucune répugnance l'éventualité de son élévation à la première magistrature de l'Etat et d'une république ouverte dont il eut été le chef suprême.

Nous ne savons, du reste, si son amitié pour le général Boulanger, amitié qui avait pourtant survécu à ses espérances, dure encore, on assure que non. Mais elle fut incontestablement des plus vives et des plus franches.

On raconte à ce propos qu'il y a quelques mois, la Duchesse avait dans son salon à côté l'un de l'autre, le buste du duc d'Orléans et celui de M. Boulanger. Un jour son fils aîné, frappé de la bizarrerie de ce rapprochement, lui en fit l'observation, ajoutant que véritablement, ces deux portraits ne pouvaient rester côte à côte et qu'il fallait absolument en supprimer un. Madame d'Uzès eut un instant d'hésitation. Puis après quelques secondes de réflexion, elle sonne un domestique. Enlevez le buste de M. le duc d'Orléans, dit-elle froidement, et portez-le à la lingerie.

M. Henry Fouquier, lui-même rend hommage à Madame d'Uzès, et dans un récent article où il blâme les royalistes d'avoir fait cause commune avec le général Boulanger, il appelle la Duchesse charmante frondeuse et reconnaît sa franchise, son désintéressement et sa générosité.

Enfin tous les journaux d'attaque qui ont eu quelques petits différents avec la grande Dame, comme la *Cocarde* et l'*Intransigeant*, n'ont parlé d'elle qu'avec le plus profond respect. On sent que cette femme courageuse par l'énergie qu'elle a déployée dans les luttes en impose aux récalcitrants.

Pour ce qui nous touche personnellement nous combattrons dans l'avenir, plus que nous ne l'avons fait jusqu'à ce jour, aux côtés de Madame la Duchesse d'Uzès.

L'élection du chef de l'Etat par le peuple étant l'important article de notre programme politique, nous nous efforcerons d'en obtenir le triomphe.

Dans quelle mesure la chance nous servira-t-elle? l'avenir seul nous l'apprendra. Mais ce que nous pouvons dire, car l'étude des événements actuels semble nous permettre cette prédiction, c'est que le vingtième siècle ne lèvera son aurore sur la France, que pour éclairer l'apothéose de notre idée triomphante.

André MAGUÉ.

LA DUCHESSE D'UZÈS

Ce n'est pas sans éprouver une émotion justifiable, que j'entreprends d'écrire la biographie de cette grande Dame que les chroniqueurs des journaux les plus opposés, ont déjà louée comme elle le mérite, comme tout écrivain ne se lassera jamais de le faire.

Le témoignage des hautes qualités qui font de Madame la Duchesse d'Uzès une personnalité marquante à la fin de ce siècle a été bien des fois exprimé, mais il est bon de répéter encore à une partie du peuple qui ne lit pas les organes mondains, les bienfaits que sème sur sa route une existence d'élite, devant avoir pour le bonheur de la France son épanouissement à la minute psychologique où semble se jouer les destinées de l'Europe contemporaine.

Anne Victorine de Mortemart-Rochechouart de Crussol d'Uzès est née à Paris, caressée dès le berceau, par les déesses de la splendeur et de la richesse.

L'éducation que reçut la jeune fille, répondit prématurément aux facultés merveilleuses de son esprit.

Littérature, histoire, langues étrangères, musique, peinture, sculpture, sciences philosophiques : rien ne fut ignoré par cette intelligence de premier ordre, qui n'a pu encore nous donner la mesure de sa toute puissance.

Les quinze premières années de Mademoiselle de Rochechouart-Mortemart se passèrent dans l'étude et la méditation.

Unie jeune, au duc d'Uzès, l'épouse apporta à son mari une tendresse qui ne peut se rencontrer que chez les êtres supérieurs qui joignent au talent, l'élévation du caractère.

Mais le destin cruel effleure parfois de son aile funèbre les têtes les plus augustes.

Le duc d'Uzès homme fort distingué, membre de la chambre des députés, mourut en 1878, après quelques années de mariage.

Cette mort fut pour la Duchesse une de ces douleurs terribles dont les traces ineffaçables assombrissent les plus beaux jours d'une existence. Devenue inconsolable, elle chercha néanmoins une consolation, et elle la trouva dans ses devoirs de mère qu'elle a su accomplir avec une sollicitude qu'aucune expression de notre langue française ne peut rendre dans sa sublime réalité.

Madame la Duchesse d'Uzès, se livra en même temps aux arts avec passion.

C'est à partir de ce moment qu'il nous est permis de la suivre artiste, et de faire ressortir les œuvres magnifiques que tous les subtils appréciateurs ont déjà admirées sous la signature de MANUELA.

Comme sculpture c'est une série de bustes délicieusement travaillés, que Madame la Duchesse d'Uzès exposa aux différents salons.

Nous n'avons pas à les énumérer, les connaisseurs les ont autant que nous gravés dans le souvenir, disons simplement que l'artiste sut rendre avec une exactitude incroyable le jeu des visages qu'elle a reproduits.

Au salon de 1885, Madame la Duchesse d'Uzès exposa sa *Diane*. La chasseresse fut une des attractions du palais de l'Industrie et des flots de visiteurs s'arrêtèrent chaque jour devant ce nouveau chef-d'œuvre.

Aujourd'hui il nous est permis de contempler à l'Eglise du Sacré-Cœur, sur la Butte-Montmartre, le Saint-Hubert, patron des chasseurs, autre production de Madame la duchesse d'Uzès.

Au musée patriotique de Jeanne d'Arc pendant l'Exposition Universelle de 1889, Avenue de la Bourdonnais, des milliers de curieux se sont extasiés devant la statue de la vierge de Vaucouleurs

Cette œuvre patriotique est encore due au ciseau de Madame la Duchesse d'Uzès qui a donné là une nouvelle marque de son patriotisme en consacrant à la bergère héroïne l'un des plus touchants sujets que cerveau d'artiste puisse concevoir.

A d'autres branches de l'art Manuella consacre aussi ses loisirs.

Elle réussit de très jolis pastels par exemple, et touche l'orgue et le piano avec une expression que les virtuoses reconnaissent et applaudissent.

Voilà pour l'artiste, examinons maintenant la femme politique.

Patriote ardente, ne voyant avant tout que l'intérêt de la France, s'inclinant respectueusement devant la volonté du suffrage universel ; Madame la Duchesse devait venir à la république nationale avec le général Boulanger.

Admiratrice de l'illustre proscrit, elle le soutint dans son monde, défendit avec éloquence sa cause qui est celle de la Patrie républicaine, et amena au parti national des influences de l'opposition conservatrice.

Ce concours précieux prêté à la République par Madame la Duchesse d'Uzès nous permet, républicains sincères, de lui témoigner une reconnaissance éternelle, et nous lui adressons encore une fois toute notre gratitude.

Très populaire à Paris, faisant beaucoup de charité la grande Dame nous amena aussi cette fraction du peuple qui reste son obligée.

A ces résultats acquis ne s'est pas tenue madame la Duchesse d'Uzès.

Tous les jours nous la voyons travailler, avec prudence, énergie et habileté à l'œuvre de réconcilliation nationale dans la République commencée par le Général Boulanger.

Ayant beaucoup d'empire sur elle-même elle se rend toujours maîtresse de ses impressions et quand il le faut, sait montrer un visage impénétrable.

Concevant beaucoup elle a des idées très personnelles et très importantes, saisissant la note exacte des événements la Duchesse fait preuve également d'une grande clairvoyance politique.

Madame d'Uzès a du sang-froid, de la volonté et une grande profondeur dans les idées, qualités essentielles pour jouer un rôle prépondérant en politique.

Amazone, elle l'est au plus haut point. Intrépide jusqu'à la témérité, Madame la Duchesse d'Uzès fait sauter à sa bête les plus grands obstacles et par son insouciance du danger donne parfois le frisson aux meilleurs cavaliers qui l'accompagnent. Boulanger lui-même qui passe pour un écuyer de premier ordre était étonné de l'adresse et de l'indomptable énergie de la duchesse, et je ne sais pas si dans certaines circonstances l'amazone ne fut pas le professeur du célèbre général.

Enfin cette charmante mondaine est presque une complexité tant son intelligence supérieure possède de facilités dans toutes les branches des connaissances humaines, et le jour où les événements la serviront nous pouvons affirmer quelle y jouera un rôle d'éclat.

Madame la Duchessse d'Uzès, examinée dans la vie intellectuelle, étudions-la dans sa vie intime.

Faire le bien est une de ses premières préoccupations tant que le sommeil n'a pas condamné au repos son être subtil.

Le jour, la nuit, par n'importe quel temps, sous n'importe quel ciel quand il y a une infortune à soulager Madame la Duchesse d'Uzès se trouve à son poste de sœur de charité laïque.

Ah! elle ne fait pas le bien par ostentation, cette grande Dame elle ne donne pas sur ses millions, des milliers de francs pour le plaisir de montrer ses intincts généreux, elle veille elle-même au chevet des malades dans les salles lugubres d'hôpital ayant pour le malheureux qui râle une parole de douce consolation secourant indistinctement avec une bonté égale le libre-penseur, le protestant, le juif et le catholique.

Hors de Paris, à son château ducal d'Uzès, dans le Gard, à son domaine princier, à son château grandiose de Bonnelles (Seine-et-Oise), partout elle secoure les malheureux, ne restant implacable que pour la malhonnêteté et le vice qui cherchent à se faire secourir sous le manteau de l'infortune.

Ses devoirs philanthropiques accomplis elle retourne à son monde.

Madame la duchesse d'Uzès comme mondaine est une perfection de grâce et de suprême distinction.

Brillante causeuse, gentille, capable par sa gentillesse de créer des dévouements indestructibles ; Victorine de Crussol entre Madame la Duchesse de Luynes et Mathilde de Crussol, ses deux filles, paraît une sœur aînée. Combien de fois ai-je admiré la douceur de son beau regard et la finesse de son sourire effleurant sa petite bouche, charmante d'ironie et de dédain.

Aimable, se mettant à la portée de tous, bienveillante, Madame la Duchesse d'Uzès est une libérale dévouée dans ce que l'amitié a de plus pur, le dévouement, mais flagellant sans pitié l'inconduite et les existences déréglées.

L'an dernier des misérables qui émargent au fond secret, ont osé pour les besoins d'une cause lâche et ignoble, insinuer perfidement des attaques calomnieuses contre la grande Dame que tout le monde vénère, en laissant croire que son affection pour le Général revêtissait un caractère frivole. A ces infectes accusations, il n'y a rien à répondre. De si dégoûtantes injures retournent naturellement aux rats d'égout qui s'en délectent.

Madame la Duchesse d'Uzès n'est pas de celles qui ont besoin d'être défendues, et nous lui adressons ici toutes nos félicitations pour le puissant mépris avec lequel elle a écrasé ses insulteurs et empêché ses nombreux admirateurs de faire justice, tant notre indignation était grande.

Une vie de dévouement et de correction rend une personne inaltérable aux méchancetés humaines. C'est là le cas.

Que Madame la Duchesse d'Uzès reçoive donc en terminant l'expression de notre profond respect, respect que le peuple lui témoigne chaque jour d'une manière grandissante, jusqu'au jour où elle gravira les faîtes du pouvoir pour lequel la nature semble l'avoir fait naître.

André MAGUÉ.

LA MAISON D'UZÈS

La nature a comblé la maison d'Uzès de ses plus rares trésors.

Cette maison qui a donné à notre histoire des pages immortelles, a sa généalogie brillamment présentée par M. Lionel d'Albiousse.

Il ne m'appartient donc pas d'en parler longuement.

Je tiens cependant à rappeler que depuis la mort du duc de Montmorency, décapité à Toulouse dans les conditions que tout le monde connaît, le duc d'Uzès était le premier pair de France qui, avant 1789, précédait la noblesse dans les cérémonies publiques et royales. Le duc d'Uzès venait après les princes du sang.

La maison d'Uzès actuelle se compose comme suit :

Madame la duchesse d'Uzès, née Anne de Rochechouart-Mortemart,

Son premier fils, Jacques d'Uzès, est né à Paris le 14 novembre 1868. Ce jeune seigneur a de sa vénérée mère l'esprit et la bonté. De ses aïeux, le courage, la simplicité, et le beau maintien.

M. Jacques d'Uzès sera, quand l'âge lui permettra, un homme public qui rendra à la France les services qu'elle attend de lui.

Symone d'Uzès, née le 7 janvier 1870, mariée au duc Honoré de Luynes (décembre 1889), Madame la duchesse de Luynes personnifie la grâce et la charité. Très énergique, elle est la compagne qui convient à un gentilhomme qui veut, comme le duc de Luynes, descendre dans l'arène de nos luttes politiques.

Louis de Crussol, né le 15 septembre 1874. Comme son frère, le duc Jacques d'Uzès, il est gentil, courageux et de maintien aristocratique. Ayant une grande passion pour la science militaire, le second fils de Madame la duchesse d'Uzès se destine à St-Cyr. Il sera un jour, de notre armée, une personnalité remarquable et fera honneur à ses glorieux ancêtres.

Mathilde de Crussol, née le 4 mars 1875. C'est la plus jeune fille de Madame la Duchesse d'Uzès. D'une *beauté qui impressionne, Mathilde de Crussol réunit les belles qualités de sa mère et de sa sœur. Gracieuse, spirituelle, charitable, soulager l'infortune est une de ses principales préoccupations. Mathilde de Crussol fait preuve d'une force de raisonnement au-dessus de son âge.*

Ainsi dotée, la maison d'Uzès tient à notre époque où la noblesse s'embourgeoise, le rang que lui a légué son histoire, ses traditions et l'immaculée blancheur de son blason.

Par leurs vertus, leurs bienfaits et leurs talents, les illustres ducs peuvent voir de la tombe que leurs descendants honorent leur vieille devise : « *Ferro non auro* ».

André MAGUÉ,

PERSONNAGES ILLUSTRES

DE LA MAISON ROCHECHOUART-MORTEMART

Madame la Duchesse d'Uzès étant née de Rochechouart, nous tenons à remettre sous les yeux du public les figures les plus intéressantes de cette Maison qui a donné à la France tant de célébrités.

Par sa naissance, Anne de Rochechouart-Mortemart était digne du Duc d'Uzès, son mari.

La Maison de Rochechouart, en effet, commence dans les grands officiers de la Couronne et constitue une des plus anciennes du Royaume, tellement elle se perd dans la nuit des temps. Aimery Ier, de nom appelé Ostrofrancus, cinquième fils de Giraud, vicomte de Limoges, fut le premier vicomte de Rochechouart, dont il porta le nom. Ce nom fut transmis à la postérité, grâce à l'alliance qu'il contracta avec la fille du Comte d'Angoulême.

Nous voyons leur fils Aimery II vicomte de Rochechouart, continuer la filiation, et son petit-fils Aimery VII, faire hommage au Roi, en 1234, du château de Brissac.

L'origine établie, passons en revue les illustrations de la Famille.

Foucaud, vicomte de Rochechouart, seigneur de Tonnay-Charente et de Mauzé, chambellan du Roy, fut, en 1446, gouverneur de La Rochelle.

C'était un seigneur remarquable par la hauteur de ses vues.

Charles-Auguste, Duc de Rochechouart, Marquis de Mortemart, *pair de France, grand d'Espagne, de premièr classe*, fut un vrai guerrier et un spirituel homme de cour.

Mais celui qui commença à jeter cet éclat éblouissant sur la Maison, fut Gabriel, duc de Rochechouart, né en 1600.

Gouverneur de Paris en 1619, il laissa des enfants qui devaient honorer la politique, les lettres et l'armée.

Marie-Madeleine-Adélaide

De Rochechouart-Mortemart

(Abesse de Jouarre)

Madame l'abbesse de Fontevrauld est une de ces rares natures qui laissent à leur époque la marque de la vraie supériorité, en élevant leurs vertus à la hauteur de leurs facultés intellectuelles.

Marie-Madeleine-Gabrielle-Adélaïde de Rochechouart-Mortemart, portée de bonne heure vers l'isolement et la méditation par son esprit mystique, s'occupa de théologie à l'Abbaye-au-Bois.

En 1670, elle fut consacrée générale de l'Ordre de Fontevrauld, chef-lieu de cet Ordre. Dans l'Abbaye, elle s'appliqua à y établir la culture des belles-lettres et de la philosophie. Usant de son érudition remarquable, elle enseigna elle-même les langues vivantes, ainsi que le grec et le latin.

Comme écrivain, Madame l'Abbesse de Fontevrauld occupe une place très grande dans la littérature épistolaire.

Prédicatrice de talent, elle écrivait avec la même facilité, la même verve, le même esprit qu'elle parlait.

Louis XIV faisait, à sa cour, très souvent l'éloge des lettres que Madame l'Abbesse de Fontevrauld lui adressait. Le Roi soleil y trouvait de l'esprit, de l'à-propos et beaucoup de charme.

Huet rend, d'ailleurs, à cette femme supérieure, l'hommage qui lui était dû, dans ses *Mémoires*.

Madame l'Abbesse de Fontevrauld sut se concilier l'amitié de tous les hommes de lettres du temps.

Jacques Testu, membre de l'Académie, l'estimait beaucoup et, si nous en croyons Madame de Sévigné, était intimement lié avec elle.

Madame de Caylus porte sur Madame l'Abbesse de Fontevrauld cette appréciation vraie : « On ne pouvait dans la même personne rassembler plus d'esprit et plus de savoir. »

Les brillantes facultés de la célèbre religieuse devaient aussi s'exercer jusque sur la politique. A ce sujet elle écrivit une brochure qui fit bruit.

Dans cet ouvrage, intitulé : « Question sur la politique, résolue par Madame de Fontevrauld », il se dégageait un esprit de parfaite clairvoyance.

Citons encore, parmi les œuvres de l'Abbesse, la traduction du Banquet de Platon : *Epimutione*, car nous voulons nous résumer.

Madame l'Abbesse de Fontevrauld fut aussi belle qu'elle fut grande d'esprit et, par sa beauté se montra la digne sœur de Madame la Marquise de Montespan.

Marquise de Montespan

C'est avec enthousiasme et vive admiration que je vais m'efforcer de résumer la vie de cette femme dont la beauté remarquable et l'esprit délicieux firent tomber à ses pieds le grand Roi follement épris.

Nulle puissance, en effet, ne résista à l'influence prodigieuse de Madame de Montespan, et si elle sut faire punir par Louis XIV quelques grands seigneurs réfractaires à la galanterie, elle n'usa jamais de son haut crédit que pour faire le bien.

Françoise-Athénaïs de Rochechouart naquit au château de Tonnay-Charente, en 1664. Elle était la seconde fille de Gabriel de Rochechouart, premier Duc de Mortemart.

Son éducation se fit dans un couvent de Saintes, où elle révéla la précocité de son intelligence.

Appelée Mademoiselle de Tonnay-Charente, elle vint de bonne heure à Versailles, comme dame d'honneur de Madame, et connut à la Cour Mademoiselle de La Vallière, qui plus tard devait devenir sa rivale malheureuse.

En ce temps, le Marquis Louis Pardaillan de Gondrin de Montespan était très couru.

Mademoiselle de Rochechouart subit ses charmes, répondit à ses avances et en 1663 l'épousa.

Ce mariage fut un évènement pour l'époque.

La Marquise éprouva d'abord une vive tendresse pour son mari, l'entoura de sollicitude et en eut un fils qui a eu de l'éclat : le Duc d'Antin. Je rappelle à ce sujet une coïncidence assez ignorée aujourd'hui dans le monde :

Madame de Montespan, tout en étant l'arrière-grand'-tante de Madame la Duchesse d'Uzès, par son père, est l'arrière grand'mère du Duc d'Uzès, son mari. Le Duc d'Antin ayant eu, en effet, comme petite-fille une Duchesse d'Uzès.

Ceci dit, je reviens à la Marquise. Madame de Montespan ne tarda pas à attirer l'attention de la Reine.

Sa beauté rare, ses grâces, ses causeries brillantes avaient captivé la souveraine. Ces nombreuses qualités ne tardèrent plus à charmer le souverain.

Louis XIV qui avait pour maîtresse Mademoiselle de La Vallière, rencontrait souvent chez elle Madame de Montespan. Le Roi trouva d'abord à la jeune Marquise un esprit trop caustique, mais fasciné par la céleste beauté de son visage, il ne put contenir son émotion et lui ouvrit son cœur.

A partir de ce moment, Louis XIV retira ses faveurs à Mademoiselle de La Vallière et consacra toute son attention à Madame de Montespan.

La jeune Marquise, qui aimait son mari et qui avait de réels scrupules, opposa de la résistance et chercha à s'éloigner, en avouant la situation au Marquis. Mais ce fut peine inutile : le Marquis qui plaçait son intérêt au-dessus de ses amitiés, et qui reconnaissait que l'influence de sa femme pouvait servir ses projets ambitieux, persista à demeurer à la Cour.

Dès lors, la marquise changea d'allures.

Injustement maltraitée par son mari, elle se donna entièrement au roi.

L'ascendant qu'elle eut sur Louis XIV fut dès lors inébranlable.

En 1671, le duc de Lauzun, tout puissant, lui ayant fait sentir son mépris, elle le fit enfermer par ordre du roi à

Pignerol. En 1674, elle contribua à la retraite de Mademoiselle de La Vallière au couvent des Carmélites.

A ce moment, Madame de Montespan était plus puissante que la reine elle-même. Elle fit nommer, en 1670, son frère le duc de Vivonne, maréchal de France, et se fit donner par le roi le monopole du tabac, que Colbert devait lui faire enlever par esprit de jalousie, nous ne voyons pas d'autres raisons possibles.

Madame de Montespan montait dans le carosse de la reine à ses côtés, avec Madame et quand le peuple voyait passer la voiture royale, il se pressait sur son passage en disant de l'épouse de Louis XIV et de la jeune marquise : voici les reines de France.

Les relations du roi avec Madame de Montespan duraient depuis sept années quand un événement imprévu vint en briser les liens.

Bossuet, qui aimait assez à se mêler aux affaires galantes, persuada au Roi et à la Marquise, vers le Jubilé de 1676, qu'il était temps de faire pénitence. Les deux amants approuvèrent la proposition du grand prédicateur et se séparèrent.

Mais la rupture ne dura que quelques mois et Madame de Montespan ne tarda pas à reparaître au bras du roi malgré le scandale que fit à la cour sa réapparition.

Cependant, Louis XIV ne lui prodiguait plus les mêmes caresses, l'étoile de la belle marquise pâlissait et devait bientôt être éclipsée par celle de Madame de Maintenon.

En 1679, le roi, avec intention, n'invita pas Madame de Montespan à ses fêtes d'automne. Elle en éprouva une vive douleur. Mais le souverain parut de plus en plus sévère pour elle et, en 1683, quand la reine mourut, la marquise eut à supporter les humiliantes provocations de sa rivale, Madame de Maintenon, et nous blâmons une pareille conduite, poussa la petitesse jusqu'à faire retirer à Madame de Montespan son appartement à la cour. Cruellement affectée, la marquise devait se retirer dans la solitude et mourir à Bourbon-l'Archambaud, le 28 mai 1707. Les plus hautes personnalités du règne de Louis XIV et de celui de Louis XV ont sur Madame de Montespan les appréciations les plus favorables. Voltaire disait d'elle :

Elle a un tour singulier de conversation mêlé de plaisanterie et de finesse qu'on appelle esprit des Mortemart.

Le duc de Noailles écrivait sur l'adorable Marquise ces lignes ravissantes : *La nature avait prodigué tous ses dons à Madame de Montespan ; des flots de cheveux blonds, des yeux bleus ravissants, avec des sourcils plus foncés qui unissaient la vivacité à la langueur, un teint d'une blancheur éblouissante, une de ces figures enfin qu'éclairent les lieux où elles paraissent.*

Telle fut cette femme supérieurement jolie et supérieurement intelligente, qui malgré ses faiblesses n'en restera pas moins une des grandes figures de *l'époque héroïque du Roi-soleil.*

Le duc de Vivonne, son frère, maréchal de France, en dehors de son érudition, de son esprit, et de sa grande facilité à écrire, fut un remarquable homme de guerre.

Il soumit la Sicile et quand la signature du traité de Palerme eut lieu, il représenta Louis XIV avec haute distinction et une munificence royale. De Mortemart, duc de Rochechouart, joua un rôle brillant dans les guerres, la politique, et la diplomatie de notre dix-neuvième siècle.

Né à Paris, le 20 mars 1787, il fut un des plus remarquables généraux de Napoléon Ier.

Le 29 juillet 1830, le duc général de Rochechouart fut président du Conseil des Ministres de Charles X. Il démontra au roi la nécessité d'intéresser le rapport des ordonnances, le rétablissement de la Garde nationale et la convocation des Chambres. Charles X, captivé par son éloquence accéda à son désir.

Quelque temps après la Révolution de 1830, le général duc de Rochechouart fut nommé ambassadeur de France, en Russie.

Il s'acquitta de sa mission avec beaucoup de talent et se créa, à Saint-Pétersbourg, les plus vives sympathies.

Commandant de la 19e division militaire à Bourges, le duc général de Rochechouart fut créé sénateur de l'empire en 1857, et quoique vivement sollicité par l'empereur Napoléon III refusa toute fonction publique.

Voilà les gloires de cette illustre maison de Rochechouart.

Mortemart dont Madame la Duchesse d'Uzès est la descendante la plus en vue de notre époque.

De ses ancêtres elle réunit les belles qualités :

De madame de Montespan, elle a les yeux admirables ; de l'abbesse de Fontevrault, l'esprit et la bonté ; des ducs de Vivonne, l'énergie et la bravoure.

Que le bonheur continue donc à étendre sur le front pur de Madame la Duchesse d'Uzès, son aile protectrice et que pour la France le peuple et nous tous ses fidèles admirateurs, la nature lui accorde une enviable longévité.

Madame la duchesse d'Uzès est une jeune mère ayant déjà de grands enfants, l'avenir ne peut que lui réserver ses plus délicieuses couronnes.

André Magué.

Paris. — Imp. Schneider, 23, rue de Maubeuge

Imprimerie
Ch. SCHENCK
Paris

www.ingramcontent.com/pod-product-compliance
Ingram Content Group UK Ltd.
Pitfield, Milton Keynes, MK11 3LW, UK
UKHW020518180726
13839UKWH00005B/2167